MAITRISE MÉTROPOLITAINE D'AIX

SES ILLUSTRATIONS

ANNIBAL GANTEZ

(XVIIᵐᵉ SIÈCLE)

DISCOURS

PRONONCÉ

A LA DISTRIBUTION DES PRIX

Le 13 Octobre 1886

PAR

M. L'ABBÉ E. MARBOT

Chanoine honoraire

faisant fonctions de Grand-Chantre de la Métropole

J. M. J.

AIX

ACHILLE MAKAIRE, IMPRIMEUR DE L'ARCHEVÊCHÉ

2, rue Thiers, 2

1886

SES ILLUSTRATIONS

ANNIBAL GANTEZ

(XVIIme SIÈCLE)

DISCOURS

PRONONCÉ

A LA DISTRIBUTION DES PRIX

Le 13 Octobre 1886

PAR

M. L'ABBÉ E. MARBOT

Chanoine honoraire

faisant fonctions de Grand-Chantre de la Métropole

—

J. M. J.

—

AIX

ACHILLE MAKAIRE, IMPRIMEUR DE L'ARCHEVÊCHÉ

2, rue Thiers, 2

—

1886

Imprimatur.

Aquis-Sextiis, die 14ᵃ Octobris 1886.

BERNARD, vic. gen.

HOMMAGE AUX FONDATEURS

DE L'ŒUVRE DE SAINT-MAXIMIN

Monseigneur [1].

L'harmonie que nos enfants viennent de traduire est ici
tout allégorique, bien qu'elle n'ait pas été composée à
notre intention.

Naguère, dans le champ de l'Eglise, la foudre subitement
renversait un chêne vigoureux. Pour beaucoup d'autres,
ce ne fut que la chute de rameaux protecteurs. Pour
nous, c'était plus encore, c'était la vie qui tombait ; car,
privée des subsides du Pouvoir, cette Maîtrise devait la con-
servation de son existence à l'amour paternel de votre
vénéré prédécesseur, Mgr Forcade.

On comprend dès lors que nos enfants prolongent le
dernier écho de leurs alarmes en ces accords, si bien ap-
propriés à l'élégie du langage :

> De la tige détachée,
> Pauvre feuille desséchée,
> Où vas-tu ? — Je n'en sais rien.
> L'orage a brisé le chêne
> Qui seul était mon soutien !

[1] Mgr Gouthe-Soulard, nouvel archevêque d'Aix

Mais, j'ai dit que c'était un dernier écho. — A l'encontre des feuilles qui ne reverdissent plus, nos clergeons trouvent un autre chêne auquel ils s'attachent ; et, comme la charité d'un évêque a des secrets de fécondité dont la nature est incapable, l'antique Maîtrise de Saint-Sauveur respire en se greffant sur ce tronc nouveau, dont le sol lyonnais a connu la puissance et auquel notre soleil de Provence conservera longtemps la vigueur.

Cette conviction, Monseigneur, explique pourquoi nous avons remis à cette date insolite la solennité scolaire que Votre Grandeur daigne présider ce soir. La saison pouvait gêner l'accomplissement de ce dessein ; la bienveillante hospitalité des fils du Bienheureux de la Salle a levé cette difficulté [1] ; nous leur en sommes tous profondément reconnaissants.

Maintenant, Monseigneur, puisque en tout ici domine la charité, ayez aussi celle de m'entendre.

J'ai coutume, en pareille circonstance, de faire des efforts pour ne pas endormir mon auditoire. Dans ce but, au lieu d'être philosophe, j'ai voulu être peintre, après avoir été historien ; — aussi pauvre peintre, il est vrai, que médiocre historien : ce qui vaut pourtant mieux encore que d'être orateur endormant.

Depuis un an, nous constituons notre galerie de famille ;

---

[1] La **Distribution des Prix**, qui se fait habituellement le soir dans la **Cour de la Maîtrise**, a eu lieu cette année dans la Salle des Concerts de l'École libre des Frères.

et en de simples *médaillons*, nous dessinons la silhouette des hommes qui ont laissé un nom à la Maîtrise.

Le premier de nos aïeux que je vous ai déjà présenté, Mesdames et Messieurs, était du XIe siècle [1]. Il nous faut passer aujourd'hui sans transition au XVIIe siècle. Entre ces deux termes, nous ne trouvons aucune tête à esquisser, parce que nous ne voulons d'aucune figure imaginaire, achetée chez le « marchand d'ancêtres ».

Ce n'est pas qu'en ce laps de temps la Maîtrise ait été pauvre de sujets. Souvenez-vous qu'en 1481 Aix fournissait à la chapelle de Louis XI « les meilleurs chantres que l'on sceust trouver » [2] ; et, il y a neuf ans, dans une autre enceinte, un avocat de talent racontait comment un enfant de chœur de Saint-Sauveur était devenu l'habile jurisconsulte *Mourgues*, assesseur et procureur du pays, le commentateur émérite des Statuts de Provence [3].

Mais nos annales ont commis un excès de modestie en omettant des noms que nous eussions salués avec bonheur. Puisque ceux-ci nous manquent, il faut nous en passer et

---

[1] *Pons le Grammairien*. Discours de la Distribution des Prix de 1885.

[2] Discours de 1878. — *Notre Maîtrise Métropolitaine*, son histoire, page 26.

[3] *Eloge de Jacques Mourgues*, par *M. Eugène Barréme*, lu à la rentrée de la Société de Jurisprudence d'Aix, le 14 décembre 1877. — Dans cette charmante étude, il est raconté que J. Mourgues, né à Callian (Var), vers la fin du XVIe siècle, vint à Aix tout enfant pour y chercher fortune. Il tomba malade et fut conduit à l'hôpital. L'aumônier s'intéressa à ce pauvre petit être et le fit entrer à la Maîtrise. — Son *Commentaire des Statuts de Provence* fut la refonte et l'achèvement d'un travail déjà entrepris par l'Archevêque d'Aix, Jean II Peissoni.

faire un acte de vertu, assez rare de nos jours : nous taire sur ce que nous ignorons.

Nous sommes donc au XVIIe siècle.

Au moment même où les succès de Jacques Mourgues rendent hommage à l'enseignement de notre école cléricale, celle-ci enregistre, pour la première fois depuis notre grammairien Pons, le nom de l'un de ses maîtres, le nom de *Gantez*.

La chronique nous apprend que ce maestro vit le jour à Marseille au commencement même de ce XVIIe siècle. Nous n'avons pu trouver ni la date précise de sa naissance, ni l'indication des diverses évolutions de sa jeunesse. Nous savons seulement qu'il s'appelait *Annibal* ; — mais ne croyez pas, Messieurs, que ce fut un nom prédestiné ; ici, rien du grand Carthaginois, sauf une merveilleuse aptitude à la locomotion, ainsi que vous le verrez tout à l'heure.

Les biographes [1] d'Annibal Gantez nous le présentent déjà engagé dans les saints Ordres et nanti d'un prieuré, — de la Madeleine en Provence (?) — ce qui devait être pour lui moins une charge qu'un revenu. Puis, brusquement, le voici *maître de musique* de notre métropole.

A cette heure-là, Messieurs, la Maîtrise, nous l'avons dit ailleurs, traversait la phase la plus laborieuse peut-être de son existence. Rien n'était négligé pour le service du chœur. Les orgues étaient réparées [2] à neuf ; l'on transfor-

---

1 Papon. — Fétis, etc.

2 *Délibérations du Chapitre*, 9 février 1642. 8 septembre 1625, etc.

mait, par quelques corrections, les splendides manuscrits
de chant enluminés par Burle [1] ; la réforme du Concile de
Trente était en pleine vigueur et exigeait de tous une atten-
tion plus marquée. Les fonctions de maître de musique ne
constituaient pas évidemment une sinécure.

Est-ce le travail qui découragea Gantez? Trouva-t-il que
son talent n'était pas suffisamment rémunéré, alors que le
Chapitre avait, depuis 1601, « mis le maître de musique
aux gages de vingt-quatre écus » [2]? Nous ne le savons.
Toujours est-il que son passage à la Maîtrise d'Aix ne fut
pas de très longue durée.

Vous jugerez, Messieurs, qu'il faut peut-être mieux s'en
prendre à l'humeur voyageuse du personnage ; car d'Aix il
alla à *Arles*, où il fut aussi maître de chapelle. D'Arles il
monta à *Avignon*, où il remplit la même charge. D'Avignon il
part pour *Paris*, où il est successivement à l'église de *Saint-
Paul*, puis aux *Saints Innocents*. Enfin il jette l'ancre à
Auxerre, où il devient chanoine semi-prébendé et maître
de musique de Saint-Étienne.

Tant d'étapes dans la vie, c'est un trait de la physiono-
mie de Gantez. Ce fut un *caractère inconstant*. — Un coup
d'œil sur des pages qu'il a laissées va achever de le pein-
dre, en le montrant non sans *talent*, mais bien *frivole*, ainsi
que le dévoile son style badin et même léger.

[1] Archives de l'Archevêché. — *Délibérations*. 2 septembre 1620.
[2] *Délibérations*, 27 août 1601.

Gantez, en effet, a écrit. On cite de lui deux messes et un recueil d'airs, depuis longtemps tombés dans l'oubli. Mais il a de plus fait un livre qui lui a survécu ; et c'est là sa note personnelle, celle qui seule probablement a empêché son nom de partager le sort de ses compositions. Il a pris place à côté de son contemporain Jean de Bordenave, chanoine de Lescar-en-Béarn, pour laisser aux musicologues des documents sur l'état de la musique religieuse de son époque en France. Cela demandait que l'auteur eût pu observer et comparer : deux choses sur lesquelles notre maestro devait être fort ; il avait assez voyagé pour cela.

C'est en 1643 qu'il fit imprimer à Auxerre, en un petit in-12 de deux cent quatre-vingt-quinze pages, son travail intitulé *Entretien des Musiciens*. Ce volume est dédié à Pierre de Boc, évêque d'Auxerre. Il est composé d'une série de cinquante-neuf lettres d'un piquant intérêt. Eloges, conseils ou reproches à des collègues, sur la façon dont ils s'acquittent de leur charge et même parfois sur leur conduite privée : telle est la matière.

Là, il faut bien le dire, Gantez se montre sous un jour peu flatteur. Il n'y a rien qui révèle en lui de très hautes inspirations, rien qui soit de nature à nous faire regretter de ne point posséder ses œuvres musicales ; et il coupe court à notre enthousiasme en vantant la musique légère et en déclarant que lui-même « excelle à composer des chansons à boire.... » — simple détail qui me dispense d'en transcrire d'autres, où le brave homme se confesse, mais d'une façon peu édifiante.

Avouons du reste qu'il devait se prendre pour un saint au milieu des artistes d'église de son temps, si nous jugeons de ceux-ci par les avis qu'il leur donne. — « N'allez pas si souvent au cabaret » écrit-il à l'un. — Et que n'écrit-il pas à d'autres !

Le grand Annibal, au rapport de Tite-Live, fit sauter les rochers des Alpes avec du vinaigre. Annibal Gantez est plus raffiné, c'est avec du vin qu'il veut faire la conquête des chantres. — « Beuvez souvent avec les chantres » dit-il à un maître de chapelle..... Et il a l'audace d'ajouter : « Comme l'on prend le poisson avec l'hameçon, on ne saurait gagner l'amitié des musiciens qu'avec le verre ! » — Ah ! messieurs, je proteste, au nom des musiciens !

Hâtons-nous de constater qu'an milieu de ces détails de mœurs, si peu recommandables, Gantez est judicieux dans un grand nombre de ses conseils. Citons un exemple :

« Soyez assidu », prescrit-il à un collègue. Voilà une règle sage. Et en voici une autre, qui ne l'est pas moins : « Honorez les Chanoines ».

Mais où il se dévoile vraiment pénétré de son art c'est lorsqu'il écrit qu'en composant la musique religieuse, il faut « ruminer comme les chèvres et revoir dix et douze fois son ouvrage avant de le donner au public ».

Il était payé, il est vrai, pour parler de la sorte ; car, un jour, une faute d'accentuation qu'il appelle faussement, comme tant d'autres , « une faute de quantité », lui ayant échappé, le public le lui fit expier. « Et moy qui vous parle, dit-il, je ne suis pas exempt de cette *calumnie*, *veu* que pour avoir manqué un petit mot de quantité dans ma messe de *Lœtamini*, on en fit un *quanquan* dans Paris , qu'il semblait que j'eusse mordu la lune » .—Comme nous sommes loin de ce temps-là, Messieurs ! Et si le public était resté aussi chatouilleux sur ce point, que de cancans l'on ferait aujourd'hui !

Telle est, Mesdames et Messieurs, l'esquisse rapide des traits de notre Gantez,—*homme habile mais inconstant et frivole.*— Vous trouvez sans doute que dans son ensemble, ce n'est pas une tête de premier ordre. Elle a pourtant le mérite d'une certaine originalité,—de celles que l'on cite pour s'instruire mais pas pour les imiter.

J'ai fini. Vous voyez, Monseigneur que je ne visais point à une modestie de commande en traitant mes portraits de médaillons et de silhouettes.

Encore un mot pourtant.

Gantez dit quelque part dans son ouvrage : « Une Maîtrise est comme un petit royaume, et celuy qui le sait bien gouverner s'acquitterait bien de quelque plus grande charge » .

Ce brevet de capacité s'adresse aux hommes de cœur qui se dépensent chaque jour pour nos enfants et à qui revient tout le mérite de nos succès.

Pour moi je me permets de retenir la justesse de la comparaison. « Une Maîtrise est un petit royaume » .—Or c'est une nécessité de tout royaume, Messieurs, de ne vivre que moyennant un budget. Mais si l'impôt forcé est la ressource des grands royaumes, dans le nôtre, Monseigneur, c'est l'impôt volontaire qui fait tous les frais. Depuis onze ans c'est la charité, la charité seule, qui nous soutient. Celui qui garde la caisse a eu plus d'une fois sans doute des anxiétés à l'approche des échéances ; mais le secours est venu toujours à point ; et jamais nous n'avons eu d'huissier.

N'est-ce pas une garantie pour l'avenir ?

Nos bienfaiteurs sont pour la plupart dans cette enceinte, Monseigneur. Et je sais assez leur esprit de foi pour vous assurer que, sous votre paternelle bénédiction, ils resteront fidèles à leur *Œuvre de St-Maximin.*

J'espère même qu'ils redoubleront de zèle, pour compenser les défections de quelques adorateurs du Soleil..., parceque leur Soleil, a eux, c'est la Charité vraie, inspirant les œuvres non pour l'homme qui les dirige, mais pour Dieu qui seul a le droit de les demander et le pouvoir de les bénir.

Restez donc toujours semblables à vous mêmes et dignes du Seigneur, dont nos enfants chantent la gloire, chers Associés de St-Maximin ; et continuons avec confiance ce que vous nous avez si puissamment aidé à accomplir jusqu'ici. C'est le bien qu'il s'agit de faire. Donc, en haut les cœurs ; et tout pour Dieu !

ŒUVRE DE SAINT-MAXIMIN

POUR SOUTENIR LA MAITRISE

ORGANISATION DE L'ŒUVRE

Fondateurs : *une bourse,* 50 fr. par an ; — *une demi-bourse,* 25 fr. par an : — *un quart de bourse,* 12 fr. 50 par an.

Celui qui verse (en une ou plusieurs annuités) le capital de sa fondation, soit 1,000 fr., 500 fr. ou 250 fr., est inscrit comme fondateur *à titre perpétuel.*

Tout fondateur a droit à une, deux ou trois cartes d'entrée à nos concerts, selon l'importance de sa fondation et en dehors de l'invitation personnelle qui lui est adressée.

Les fondateurs à titres perpétuels ont le droit de nommer, leur vie durant, l'enfant qui jouira de leur libéralité, pourvu que celui-ci remplisse les conditions réglementaires

Les noms des mêmes fondateurs seront plus tard gravés sur une table de marbre, dans la salle des concerts.

Enfin, la Maîtrise assiste et chante aux funérailles (quand elles ont lieu à Aix) de tout *fondateur d'une bourse entière, à titre perpétuel,* c'est-à-dire ayant donné *mille francs* (Délib. cap. 17 avril 1878).

Bienfaiteurs : Ils donnent 1 fr. par an. Ceux qui versent un minimum de 20 fr. sont inscrits comme *bienfaiteurs à titres perpétuels.*

CATALOGUE
DES ASSOCIÉS DE L'ŒUVRE

Année 1885-86

I.

FONDATEURS

FONDATEURS A TITRES PERPÉTUELS

Bourses entières

(1000 fr. de capital)

Année 1875. Mgr Forcade , Archevêque d'Aix , *décédé le 12 septembre 1885.*

— Le Chapitre Métropolitain.

— Anonyme du canton de Tarascon.

Année 1876. Mme J. de C. (Paris).

— Mlle de Forbin d'Oppède.

— M. le comte de Mougins-Roquefort.

Année 1877. M. le chanoine Girard, *décédé en 1878.*
Année 1878. M. Clément, *décédé en 1878.*
     —   M. Sec, *décédé en 1878.*
Année 1880. Mlle Jos. Arnoux – Sec, *décédée en 1886.*
Année 1886. M. Alexandre de Capdeville, *décédé en 1886.*

Demi - Bourses

(500 fr. de capital)

Année 1876. M. le chanoine Ch. Vallet (Paris).
Année 1878. M. Léon de Garidel.
Année 1880. M. Ch. Verminck (Marseille).
Année 1883. M. le marquis de Panisse.
Année 1884. M. l'abbé Ayé, *décédé en 1884.*

Quarts de Bourses

(250 fr. de capital)

Année 1875. Mlle André.
     —   M. de Maisoncelle de Richemont, *décédé en 1882.*
Année 1876. Mme C.
     —   Mlle de Saint–Julien, *décédée en 1884.*
Année 1877. M. le docteur Payan. *décédé en 1882.*
Année 1879. Mme de Collongues (Grasse).
     —   Mme Charpin de Sartoux (Grasse).
Année 1880. M. le baron de Castillon.

FONDATEURS A TITRES ANNUELS

Bourses entières

(50 fr. par an)

M. Arbaud.	M. le marquis de Panisse.
M. le marquis de Boisgelin.	Mme P.
M. Drujon.	Mme Prat-Noilly (Marseille).
M. le chanoine Guillibert.	M. le baron de Saint-Marc.
M. le chanoine Marbot.	

Demi - Bourses

(25 fr. par an)

M.M. Aninard.

Mᵐᵉ Vᵉ Arnoux.

M. le comte de Chénerilles.

M. l'abbé Condamin.

M. le marquis P. de Coriolis (Marseille).

M. Féraud-Giraud (Paris).

M. le chanoine Fouché (Nevers).

Mˡˡᵉ de Garavaque.

Mᵐᵉ J. Grandval (Marseille).

Mᵐᵉ B, G.

M. l'abbé Ginoux.

Mᵐᵉ Ferd. Honnorat (Marseille).

M. l'abbé Issalène.

Mᵐᵉ Vᵉ Aug. Jeannin.

Mᵐᵉ J. de Léoube.

M. P. Marbot (Martinique).

M. l'abbé Fr. Martin, ch. d'Arles.

M. le chanoine Millet.

M. Edmond Mistral.

M. l'abbé Peyre, doyen.

Mᵐᵉ de Régis de Gâtimel.

Mᵐᵉ et Mˡˡᵉ Régnier.

M. E. M. Reyne.

M. le baron du Roure.

MM. le Supérieur et les directeurs du Grand-Séminaire.

M. Jacques de Saint-Marc.

M. Pierre de Saint-Marc.

M. Jean de Saint-Marc.

M. l'abbé T.

St-Thomas de Villeneuve (noviciat et pensionnat).

Mᵐᵉ Zirio Grandval (San-Remo)

Quarts de Bourses

(12 fr. 50 par an)

M. l'abbé André et sa famille.

Mᵐᵉ la marquise de Blacas.

M. le chanoine Boutières

M. Bry.

Mᵐᵉ Cabantous.

Mᵐᵉ la baronne de Castillon.

M. Emm. Condroyer.

M. le chanoine Eisséris, archip.

Mᵐᵉ Em. Estrangin.

Mᵐᵉ Euzet.

M. le chanoine Figuières.

M. le marqⁱˢ de Forbin la Barben

Mˡˡᵉ Francou.

M. l'abbé Galissard.

Mᵐᵉ C. Garnier.

M. Hipp. Gautier.

Mˡˡᵉ Humblot.

M. le chanoine Jaubert.

M. Lautier.

M. l'abbé Meissonnier, doyen.

Mᵐᵉ de Mougins-Roquefort.

M. Nègre.

M. l'abbé Pauleau.

Mᵐᵉ C. de Ribbes.

M. Roman.
M. l'abbé Roux, chan. d'Arles.
M. Sauret (Avignon).
Mlle Sibour.
M. l'abbé Suvéran.
Mme Tassy neveu.

Mlle Tronc.
M. le chanoine Tros.
Mme Vadon, née Villevieille.
L'OEuvre de la Jeunesse.
M. Artisto (Marseille).

II.

BIENFAITEURS

BIENFAITEURS A TITRES PERPÉTUELS

(Tout don de 20 fr. au moins, non classé aux fondations)

M. le Vicaire Général Payan d'Augery (Marseille),—Mme Brès,—Mme de Bermond,—Mme Guitton,—Mme de Montigny, — M. Mourravit, — Mlle Roux, — Mme la baronne O.

BIENFAITEURS A TITRES ANNUELS

I.—TITRES DE 10 FRANCS

M. le vicaire général Bernard et sa famille.
Messieurs les chanoines Lenoir (Nevers),—Rolland.
M. l'abbé Gras.
Messieurs le docteur Castellan , — Camman , — Jaubert, — A. et H. Laurin,—Makaire,—G. Germain (Marseille), — Vallier, —P. et A. Vieil.
Mesdames Coulon , — Nouvel , — d'Oléon , — d'Honières , — Silbert , — Tardif , — Chauffard.
Mesdemoiselles Césanne , — Courcières , — Mlle de Solliers.
Famille Bergeron.

2°·-TITRES DE 5 FRANCS

Messieurs les chanoines Montagard, — Roux, — Figuières.

Messieurs les abbés Barailler, — Grivet, — Huc, — Rastoin, — Villevieille.

Messieurs Arrizoli, — Ch. Bastard, — Bossy, — Ch. Boyer, — Brémond, — de Cadillan, — Hyac. Chauffard, — Alph. d'Estienne de Saint-Jean,—E. Florens,—Garnier (Martinique),—Goirand,— Fr. d'Hauthuille,—F. de Monval, — Nicollas,—Pison, —Sardat,— le commandant Du Veyrier,—comte F. de Villeneuve.

Mesdames Aillaud, — de Berluc, — de Capdeville, —Ollivier de Chateaudouble , — Séjalon-Décomme , — Dumas , — Lieutard , — Viguier.

Mesdemoiselles d'Astros, — Bourdelet, — Dupuy-Montbrun, — Lagrange.

Familles Avril, — Philip, — Robert.

3°·-TITRES DE 3 FRANCS

Messieurs les abbés Bouissin,—Cornille,—Rey, doyen.

Messieurs Fabre, — Giraudy, — Ravit.

Mesdames Ch. Martin,—Margalhan, —L. Mille, — Ollivier, — Ch. Pontier.

Mesdemoiselles Guirand, — Ollivier.

Famille Giraud-Cazades.

4°·-TITRES DE 2 FRANCS

Messieurs les chanoines Abeau, — Donnet.

Messieurs les abbés Abeau, — Cauvin , — Ollivier , — Ribon.

Messieurs Borel, — Fargier, — de Lanversin,— Le Drogo.

Mesdames Baille, — Phélip , — Moreau , — de Lanversin , — Ant. Pons.

Mesdemoiselles M. Coste, — Gombert, — Guirand, — Guitton , — Riquier.

5°-TITRES DE 1 FRANC

M. le chanoine Rippert.

Messieurs les abbés Cyp. Baux,—Bert,—Berlandier,—Cambon,—
Chabert,—de Chénerilles,— Décourt, — Disnard, — Escombard,
doyen, — Estienne, — Gaspard. — Geymet, — Gros,—Hertzog,
— Lavie,—F. Lillamand,—Mallet,—Maurin, — Méry,—Penon ,
—Prat,—Lp. Reynaud,—Esp. Reynaud.

Messieurs Bremond,—Britton.

Carrajat,—Ducros.

Dr Giraud,—Gleize.

Jaubert.

Laplace.

Maunier,—Morizot.

Nivou.

Ollivier.

E. Rey,— Reynaud, — Rostaing, — Jean, Jules et Louis Roux-
Maurel,—Robert.

Tarras.

Vincent.

Mesdames André,—Angelvin,—d'Aubergue,—Augier.

De Bec, mère,— A. Belladen, — Berton, — Blanc, — Bœuf, —
Bourdat.

Chiris, — Castre.

Ducros,—Ducros-Agard.

Estienne.

Fabre,—Fargier,—Fornier de Violet,—Franc.

Garcin,—Gautier,—Giraud,—Giraud Escoffier,—Grégoire.

Isnard,—Jaubert,—Joffroy.

Laugier,—Lieutaud.

Mauret.

A. Pontier,—Portal.

Raspail,—Rey,—Rouchon.

Saladin,—Sauvant,—Simon,—Souleilhé.

Vaillant,—Vieil, mère,—Villan,—Vincent—Vimal.

Mesdemoiselles Aug. André,—Anez,—Ad. Vic, Jul, M. et L.
Arnaud,—Athénoux,—d'Aubergue,—M. et Berthe Augier.
Barthe, — Baud, — Belladen, — Berton, — Bocquet, — Alph.
Bossy,—Bourdat,—Bouteille,—Jos. et L. Brémond.
Carrajat,—Chabaud,—Chanut,—Clarissel.
Delesty,—Deslions,—Diouloufet,—Dombre,—Duboisset.
Escoffier,—M. Escoffier.
Th. et Jeanne Fargier,—Fournier,—Fousson.
Gautier,—M. Giraud,—Gorgie,—Grégoire,—A. Guiton.
Kaisser.
Lapierre,—Rosalie et Rosine Laudun, — Lemercier, — Leydier,
—Long,—Lion.
Michel,—A. Michel,—El. Mille,—E. Manuel,—Montagnier.
Nouveron.
Palis,—Pécout,—Pélissier, — Périssol, — Poisson, — Portal, —
Portalès.
Rique,—Rippert,—Isab. Roux-Maurel,—Rouger,
Simon,—Souleilhé.
Taillon,—Tarras,—Tyran.
Vadon,—Valbelle,—Viret.

DU MÊME AUTEUR
CHEZ LE MÊME ÉDITEUR

Notre Maîtrise Métropolitaine, son histoire *discours de 1875 à 1882*............... 2 fr.

Les Chiffons et les Chiffonniers, (Œuvre des vieux papiers), *discours de 1883*............ 0 fr. 50 c.

Le Grammairien Pons, (Illustrations de la Maîtrise.—XIme Siècle), *discours de 1885*..... 0 fr. 50 c.

Nos Madones, culte de la Ste Vierge dans le diocèse d'Aix, *Mois de Marie*.............. 2 fr. 50 c.

Une Madone créole, Notre Dame du Mont-Carmel à la Guadeloupe, *Mois de Marie*....... 2 fr.

(SOUS PRESSE)

Vie de Mgr Forcade, archevêque d'Aix.
Fort volume in-8° de 600 pages avec portrait.

www.ingramcontent.com/pod-product-compliance
Lightning Source LLC
LaVergne TN
LVHW011020180726
843502LV00007B/2664